# ADRESSE

A LA

# Chambre des Députés.

IMPRIMERIE DE CARPENTIER-MÉRICOURT,

RUE TRAÎNÉE-SAINT-EUSTACHE, N° 15

# DE LA
# PROSCRIPTION,

## ADRESSE

### A LA

## Chambre des Députés;

*Par M. L. Belmontet.*

# PARIS,

## LEVAVASSEUR, LIBRAIRE,

GRANDE COUR DU PALAIS-ROYAL, GALERIE DES PROUES.

## DELAUNAY, LIBRAIRE,

PALAIS-ROYAL, N<sup>os</sup> 182 ET 183, PÉRISTYLE VALOIS.

FÉVRIER 1832.

# UN MOT.

L'Auteur de cette Brochure est né dans des croyances républicaines : aucune considération ne l'enchaîne lorsqu'il s'agit des intérêts nationaux. Une vérité qui vient à lui ne reste jamais perdue dans son silence. Se taire, c'est manquer à la chose publique, envers laquelle tout citoyen est comptable de sa pensée, de sa parole, aussi bien que de ses actions. Quand la Patrie souffre dans son honneur et dans sa justice, il est impossible de ne pas se précipiter au -devant des fautes qui la compromettent, pour jeter son cri d'alarme aux consciences qui peuvent détourner le mal.

L'Auteur de la Brochure en avait déjà publié une première, en réponse aux apologies légitimistes de M. de Châteaubriand, afin de révéler à la France les dangers croissans d'une troisième Restauration, où le système inconcevable du Gouvernement actuel nous conduit. La réaction contre la Révolution populaire de juillet va grand train : elle prend toutes les formes, elle s'introduit partout. Est-ce une comédie qu'on joue de nouveau? Est-ce un parti pris d'attaquer partout le principe de notre résurrection politique.

Une loi de bannissement, proposée d'abord contre les Bourbons, a bientôt été changée en mesure presque spéciale contre Napoléon, comme pour proscrire la souveraineté nationale qui l'avait appelé à l'Empire. Entièrement dénaturée par la Chambre des Pairs, cette loi renferme de telles iniquités, que l'Auteur de cet écrit avait publié, dans les journaux, à la hâte, une lettre qui en dénonçait les vices radicaux. A force d'y réfléchir, le sujet s'est agrandi, des documens authentiques ont été consultés, et une foule de hautes questions ont surgi de cet examen. C'est le résultat de cet examen trop rapide qu'il ose soumettre au jugement des pouvoirs même de l'Etat. Il espère que les Députés intègres et les écrivains patriotes, dans leurs feuilles indépendantes, seconderont l'initiative qu'il a eu la témérité de prendre. Il demande, qu'abstraction faite de doctrines et d'opinions, on lise attentivement jusqu'au bout cette critique sincère des dispositions de la loi qu'il a suivie dans toutes ses erreurs; et, fort de sa conviction désintéressée, il n'hésite pas à déclarer aux esprits droits, dont il sollicite l'approbation, que l'adoption de la loi qu'il combat serait funeste à l'honneur et à la dignité du pays. Il n'obéit à aucune sympathie politique; il a pris la parole parce qu'il a cru qu'il fallait parler, et que la vérité qu'on proclame est toujours un service rendu. Il est parti de ce point (a-t-il eu raison?) que les mauvaises lois sont les plus grands ennemis des peuples. Il a fait son devoir, c'est assez pour lui.

Il paraîtra prochainement une troisième Brochure sur une question fort délicate, et qui touche à l'essence même de l'ordre de choses établi.

# Adresse

## A MESSIEURS LES MEMBRES

## DE LA CHAMBRE DES DÉPUTÉS.

DÉPUTÉS DE LA FRANCE,

Citoyen, je m'adresse à des citoyens ; je parle à des hommes chargés de graves intérêts et qui tiennent sous leur sauvegarde l'honneur du pays. Il suffira de leur expliquer nettement ma pensée, et d'aller au but sans phrases, pour arriver plus vîte à la raison qui juge, et à la conscience qui fait justice. Ce n'est point comme écrivain, c'est comme patriote, sans esprit de parti, sans intention d'hostilité, que je viens soumettre à la bonne foi des élus de la nation mes observations, mes critiques sincères et mes convictions. Je fais un appel à la loyauté de leur patriotisme, et j'ose dénoncer à leur sagesse les erreurs politiques et les vices cachés, mais dangereux, que renferme la loi de bannissement au sujet des dynasties déchues, royales ou impériales.

Cette loi, sortie de la Chambre élective dans un sens en harmonie avec le principe qui nous gouverne, après avoir passé par les mutilations de la Chambre inamovible, altérée dans sa nature même, est remontée à sa source, métamorphosée en œuvre de parti, et revient se présenter à vos investigations impartiales, avec ses défauts et ses souillures réactionnaires.

Représentans de la France, vous reconnaissez l'importance de l'acte législatif que vous allez corriger sans doute; prouvez que le bien seul du pays vous inspire, et que vous êtes inaccessibles aux misérables susceptibilités d'une politique ombrageuse.

Votre Commission, absorbée par les questions financières de l'Etat, a laissé passer inaperçus les vices de la loi de bannissement : permettez-moi de le dire hautement; elle a peu approfondi la matière, et grand a été l'étonnement des citoyens qui tiennent à la bonne réputation de la France en fait de législation, lorsqu'ils ont vu le rapporteur de votre Commission proposer l'adoption d'une loi pleine d'inconséquences, et qui, si elle était sanctionnée par vos suffrages, telle qu'elle est maintenant, porterait une atteinte grave à l'honneur non-seulement de la Chambre, mais de la nation elle-même.

Cette considération vous paraîtra concluante pour appeler toute votre sollicitude de Députés nationaux : vous vous tiendrez en garde contre les séductions perfides de ce qu'on appelle raisons d'Etat; les sophismes de la peur n'auront point de prise sur vos âmes ; vous serez conséquens avec votre mission populaire , et vous vous souviendrez que les hommes de justice sont aussi des gens de cœur.

Messieurs les Députés , la loi avait d'abord pour but le bannissement de Charles X et de sa famille, comme ennemis naturels de la révolution de juillet. Elle était un droit de victoire , une nécessité de prudence. Bientôt, on ne sait par quelle inspiration de crainte de l'avenir ou de petite philosophie pratique , on la dé pouilla de sa force, de sa pénalité, de sa vie. Elle perdit son caractère, elle disparut sous d'hypocrites amendemens ; elle ne conserva d'elle que son nom.

٠ Mais, comme pour ranimer, par un grand souvenir, cette loi déjà frappée de mort, on l ennoblit, on la pare, on l'enrichit d'un nom qui s'étonne d'être proscrit une seconde fois, le nom de Napoléon. La proscription de 1815, dont le drapeau blanc se fit une vengeance contre sa famille, est renouvelée par le drapeau tricolore qu'il rassasia de gloire. C'est une semblable ingratitude qu'on vous propose de proclamer ; c'est contre un semblable déshonneur législatif que j'ose élever ma voix de citoyen.

Par quelle raison , par quel motif s'obstine-t-on à demander à la législature actuelle qu'elle se rende complice d'une telle inconséquence , et qu'elle oublie à ce point son origine nationale ?

1*

Je l'ignore. S'il m'était possible de croire que des législateurs, placés aux sommités de l'échelle sociale et de l'intelligence publique, sont accessibles à la mauvaise foi, je n'hésiterais pas à soutenir à haute voix qu'un acte parlementaire de ce genre a pour mission de compromettre dans l'opinion du pays et de l'Europe la représentation née des journées de juillet.

Députés de la patrie, Représentans du drapeau tricolore, oserez-vous sanctionner une vengeance politique, à l'égard d'un grand homme, vengeance renouvelée de la restauration ? Insulterez-vous à la mémoire de celui que la nation reconnaissante accueillit tant de fois avec des transports d'enthousiasme, du grand capitaine qui conduisit si souvent nos armées à la victoire, du législateur qui réorganisa les prospérités de l'Etat, du monarque populaire que les acclamations de la France saluèrent sur le trône, et qui périt misérablement sur le rocher de l'exil, livré aux persécutions de nos ennemis, pour n'avoir pas voulu désoler la patrie par la guerre civile? Ne craignez-vous pas que son ombre sublime ne surgisse au fond de vos consciences, et ne s'écrie avec l'accent d'une juste indignation : « Peuple Français, que j'ai tant aimé, dont » je n'ai jamais trahi les intérêts ni l'honneur, aux jours » de ma puissance, que t'ai-je fait à toi, peuple infi- » dèle, pour que mon sang soit banni, en ton nom, » de la Patrie bien-aimée ? Législateurs de la France, » pourquoi cette injustice? Pourquoi ce nouvel ou- » trage? Ne voyez-vous pas qu'en vous demandant la

» proscription des miens, on semble vous traiter à
» l'égal du sénat de Rome, de ce sénat déjà corrompu
» qui fut poussé à rejeter Cicéron du sein de la répu-
» blique, pour satisfaire aux inimitiés du parti de
» Clodius? »

Pourquoi donc, vous qui n'êtes l'organe d'aucun parti, ni les complaisans de la sainte-alliance, ni les ennemis du drapeau tricolore, Députés de la nation française, pourquoi prononceriez-vous, à la face du monde, un ignominieux ostracisme? Est-ce pour légitimer et recommencer les affronts que la coalition des rois a fait subir au peuple français, dans la personne de celui qui fut l'élu de son choix? Est-ce pour donner gain de cause aux victoires insolentes de 1814 et de 1815? Est-ce pour faire croire à l'inconstance de la nation française?

Machiavel, ce hardi révélateur des secrets du despotisme, ce détracteur des peuples, qui se fit le législateur politique des tyrans et qui lança de sanglans anathêmes contre les nations dont les doctrines étaient en désaccord avec les siennes, traita les Français de son temps et du passé de peuple oublieux. Aurait-il deviné également les Français de l'avenir? Députés du pays, vous chargerez-vous de justifier cette accusation de nation oublieuse? Ignorez-vous que l'Europe nous adresse le même reproche que l'historien de Florence? Voulez-vous que nous passions toujours pour un peuple inconsidéré, léger, sans principe fixe, sans reconnaissance des services passés, sans vertu de cœur, à la merci des événemens, vivant au jour le jour, défaisant le lendemain l'ouvrage de la veille ; un peuple-femme enfin, jouet de tous les caprices, adorant la puissance heureuse, mais impitoyable envers elle lorsqu'elle est tombée, lorsqu'elle n'a plus en main de quoi corrompre et acheter ? Voulez-vous qu'on dise en tout temps que l'ingratitude est toujours notre dernier mot ? que nous ne savons que renverser, mais conserver, mais défendre, mais aimer long-temps, mais ne pas briser nos idoles, mais rester quelque peu fidèles à nos affections rapides, que c'est l'impossible pour nous ?

C'est en invoquant tout ce que nous avons de plus sacré, le nom français, la dignité nationale, notre gloire, nos grands souvenirs, notre passion de l'honneur, que je viens conjurer les mandataires de notre patrie si souvent calomniée, de n'adopter le projet de loi qui est proposé à leur sanction, qu'après l'avoir épuré par des amendemens en harmonie avec les principes que la France a proclamés, et pour le maintien desquels elle a lutté héroïquement pendant un quart de siècle contre les coalitions armées de l'Europe, principes qui ont enfin triomphé en juillet 1830, et sur lesquels reposent aujourd'hui tous les pouvoirs du pays.

Il ne s'agit plus ici de nuances politiques d'opinions, ni de passions de parti, ni d'ambitions de dynasties prétendantes ; il est question d'un principe éminemment national, de notre renommée de peuple libre, et de l'honneur de la France. Tout Français, quelles que soient ses sympathies, ses doctrines et sa pensée, entendra, je l'espère, ce cri d'une conviction profonde que je viens jeter à travers nos débats, et je suis sûr qu'il y répondra de l'âme.

Je vais démontrer que la loi de bannissement, non-seulement porte atteinte au principe vital de la souveraineté du peuple, mais renferme encore une inconséquence préjudiciable à la dynastie actuelle, et une violation manifeste de notre constitution existante.

Je développerai du mieux qu'il me sera possible, et sous la forme d'argumens, trois questions principales.

1° Question politique. La loi porte atteinte au principe de la souveraineté populaire.

2° Question civile. La loi viole les droits de citoyen et sort de la constitution du pays.

3° Question morale. La loi consacre un acte de spoliation, et reproduit la confiscation abolie par la Charte.

# PREMIER CHAPITRE.

## QUESTION POLITIQUE.

*Argument.* — La législature actuelle ne peut pas, sans violer le principe de sa constitution, sans compromettre l'honneur de la France, et sans préjudicier à l'ordre de choses établi, adopter une loi de proscription contre la famille de Napoléon.

Cette question peut être elle-même considérée sous trois faces principales : attentat à la souveraineté nationale, contre-sens politique, dignité du peuple blessée. Il est nécessaire de remonter aux premiers jours de notre révolution de 89, pour constater le principe qui a dirigé notre action publique depuis cette époque, et qui a fait passer la souveraineté de la royauté à la nation.

La monarchie française reposait depuis des siècles sur le dogme du droit divin, en vertu duquel la nation était regardée par la famille régnante comme une propriété de naissance, une possession héréditaire, un royaume patrimonial. Les Représentans de la France s'étant réunis en assemblée nationale, en face du trône séculaire, proclamèrent le dogme opposé de la souveraineté du peuple, par lequel tout le système du passé était détruit. Le roi, jadis maître de la nation, devenait le premier sujet de la loi ; la volonté de tous succédait à la volonté d'un seul   c'était le regne du peuple par ses mandataires. Le droit universel devenait la puissance suprême ; le peuple était peuple enfin.

Les rois de l'Europe, ennemis par nature de toute amélioration sociale qui diminue leurs prérogatives, blessés dans leurs intérêts despotiques par la révolution de 89, se trouvant tout-à-coup en désaccord avec les doctrines de la France qui s'émancipait ainsi de la vieille famille européenne, jurèrent une guerre à mort au principe de la souveraineté populaire qui ébranlait leurs trônes, et commencèrent une lutte terrible qui ne finira que par la défaite absolue du pouvoir monarchique ou du pouvoir populaire.

Louis XVI, après avoir juré la constitution de 91, c'est-à-dire, l'abdication de ses droits de royauté patrimoniale, loin d'adopter franchement les conséquences de cette démission de souveraineté royale et héréditaire, loin d'agir en roi conquis à la nation, sollicita auprès de ses confrères en monarchie une coalition gérale, par ses agens secrets, contre la constitution nouvelle de la France. En temps de révolution, l'hypocrisie est mortelle. Louis XVI périt, et avec lui l'antique monarchie.

La république, par cela seul qu'elle était république naissante, eut à soutenir le choc de l'Europe entière. Environnée d'écueils, de dangers, de haines, de conspirations, de trahisons et de déchiremens intérieurs, elle n'en triompha pas moins de ses ennemis. L'Europe fut vaincue par l'enthousiasme de la liberté; mais les factions, toujours renaissantes, épuisaient la patrie; malgré ses actes d'héroïsme et ses victoires, elle menaçait ruine. La confusion était partout. Un soldat de la république se fit dictateur. La nation, loin de le punir, loin d'appeler l'ostracisme au secours de sa liberté mourante, l'accueillit comme le protecteur né de ses intérêts révolutionnaires, et lui confia les rênes de l'Etat.

[1] Ce fut la première fois que le peuple fit acte de souveraineté. Ainsi, quoique les dénominations gouvernementales fussent changées, le principe restait toujours le même, avec plus de chances de consolidation. Les coalitions des rois ne se tinrent pas pour battues. Les campagnes de Marengo, d'Austerlitz, d'Iéna, de Friedland, de Wagram, de Russie, de Dresde, ne furent que le développement d'un plan arrêté entre les puissances étrangères, non pas contre Napoléon seulement, mais contre l'esprit de la révolution française individualisé dans Napoléon. La campagne de 1814 fut le triste dénouement de ce drame épique, celle de 1815 en fut la conclusion définitive. La souveraineté populaire, vaincue avec Napoléon, tomba

avec lui, pour ne se relever qu'aux barricades de 1830.

Pour condition de la défaite, la dynastie des Bourbons, que le peuple avait chassés et qu'il ne rappelait pas, fut imposée par la Sainte-Alliance : c'était dire, que le dogme de la souveraineté royale remontait sur le trône renversé en 92 ; et, pour qu'on n'en doutât pas, Louis XVIII, roi par la grâce de la coalition, date ses ordonnances de la vingtième année de son règne. Le règne de Napoléon, par la grâce du peuple, n'était plus considéré que comme une *usurpation*, et ce mot d'usurpation témoignait assez que le peuple venait d'être dépouillé de son droit de déléguer la puissance. C'était donc lui, le peuple, qui perdait la bataille, et qui subissait la loi du vainqueur. Il résulte de·là que la restauration consacrait le dogme de la royauté héréditaire, de la légitimité enfin, mais par droit de conquête.

La dynastie des Bourbons s'installe de nouveau dans le palais des Tuileries, avec son principe d'omnipotence héréditaire, sous le canon des alliés. Louis XVIII est, pour ainsi dire, le garnisaire royal que nous laisse en partant la Sainte-Alliance, afin qu'il réponde de la France à l'Europe. Il commence par rejeter la constitution que le sénat de l'Empire lui propose au nom de l'Etat ; il accorde, en forme d'octroi, comme un ancien édit révocable, de sa propre volonté de roi, sans tenir compte de la volonté nationale, qu'il ne daigne pas consulter, une Charte constitutionnelle. Cette

Charte n'est pas le but, mais le moyen de la restauration, qui doit insensiblement la retirer et l'anéantir.
Sa mission est de détruire l'esprit révolutionnaire, et
de ramener, par corruption et sans secousse, à l'aide
d'un faux système représentatif, la France reconquise
dans le régime de l'omnipotence royale.

Ainsi donc la souvĕraineté populaire, par le seul
retour des Bourbons, fit place à la souveraineté de
dynastie. Le drapeau blanc remplaça le drapeau national.

L'ordre des choses, ainsi rétabli, devait se développer dans ses conséquences légitimes.

# LOI DU 12 JANVIER 1816.

Napoléon vivait encore. Il avait porté une couronne décernée par les suffrages de peuple ; cette couronne, étant le symbole de la souveraineté de la nation, il était urgent de la flétrir aux yeux des peuples, de la convaincre de crime, pour lui ôter son prestige populaire, afin que, dans le présent ou dans l'avenir, nul citoyen de génie, nul prince ambitieux ne pût ressusciter le principe du droit national, et qu'en se ménageant le vœu du peuple, il ne vînt à dépouiller la dynastie légitime de son bandeau royal.

Le gouvernement de la branche aînée des Bourbons connaissait trop bien ses intérêts pour ne pas réaliser toutes les conséquences de la restauration. Il voulut atteindre l'avenir dans le passé, et frapper les usurpations probables ou possibles dans l'usurpation tombée ; et l'*usurpation*, pour les Bourbons, consistait dans l'exercice de la souveraineté nationale.

Le gouvernement proposa donc, et les Chambres adoptèrent presque sans discussion, comme une mesure de position et de prudence, la loi du 12 janvier 1816,

qui non-seulement prononçait le bannissement de Napoléon et de sa famille, mais encore les mettait hors
la loi dans tout le territoire français.

Il s'est rencontré de nombreux publicistes qui ont
vivement blâmé cet acte législatif, en l'accusant de
barbarie et d'inhumanité. Mon opinion n'est pas con-
forme à la leur. Je reconnais avec eux la cruauté de
la loi; mais je reconnais aussi au gouvernement royal
le droit de la faire pour assurer son usurpation sur le
peuple. Il accomplissait même un devoir rigoureux,
indispensable. La conservation de soi est une nécessité
suprême pour les légitimités comme pour les usurpations.

Mais il faut remarquer que les Chambres qui composaient la législature ne formaient point une représentation nationale dans le sens positif de cette dénomination. La souveraineté royale seule était représentée
dans ces *deux Conseils* de la Couronne.

Lorsque dans une monarchie de droit divin, en
dehors et par-dessus la Nation, comme celle de la
restauration de 1816, le souverain daigne, pour la
rédaction de ses lois, consulter les Chambres qui ne
sont revêtues d'aucun pouvoir constituant, ces Chambres, ou Conseils de la Couronne, ne peuvent sortir des
bornes de la question pure et simple, telle que le gouvernement la leur a présentée.

Le principe de la souveraineté populaire n'existait
plus. Le gouvernement voulait une loi pour flétrir une

couronne décernée par la nation ; les Chambres ne pouvaient pas la lui refuser sans porter atteinte au principe de la souveraineté royale qui venait de les convoquer.

Le gouvernement, outre son droit de nécessité, avait une vengeance personnelle à satisfaire contre la Nation, qui n'avait pas voulu de lui, et, par conséquent, contre l'élu de cette nation rebelle. Il lui fallait de la haine et des spoliations contre la dynastie populaire qui tombait avec l'Empire. La législation ne pouvait pas refuser également ces mesures de passion, ces revanches de la royauté triomphante, pour apprendre à tout venant ambitieux ce qu'il en coûtait d'accepter une couronne des mains du peuple souverain.

Il reste donc prouvé que la loi du 12 janvier 1816, malgré son esprit de vengeance et sa pénalité barbare, était nécessaire, conséquente et rationnelle, puisqu'elle développait et complétait les principes sur lesquels les Bourbons établissaient la légitimité de leur omnipotence royale.

En proscrivant Napoléon, on proscrivait la souveraineté nationale, qui l'avait nommé empereur, et qui, régnant avec lui, avait été détrônée en même temps que lui.

# LOI ACTUELLE.

La demande que l'on adresse aujourd'hui à la législature d'adopter les mêmes mesures sanctionnées en 1816 est-elle également rationnelle? est-elle en harmonie avec le principe aujourd'hui dominant?

Non, mille fois non!...

Je vais développer les motifs de mon opinion négative.

Napoléon fut-il un usurpateur? Qui l'a dit! Est-ce la Nation? Jamais; car c'est la Nation qui l'appela au trône. Qui donc a prononcé le mot d'usurpateur? Les Bourbons. Qu'entendaient-ils par usurpation? L'exercice de la souveraineté hors de leur dynastie. C'était donc le peuple français qui se trouvait l'usurpateur, puisqu'il avait délégué le pouvoir à Napoléon, l'élu de son choix. Or, un peuple usurpe-t-il? Cette doctrine était soutenable sous le règne de la restauration imposée; mais lorsque le peuple, vainqueur de nouveau, a renversé la monarchie légitime avec son droit venu de la conquête, lorsque le peuple est redevenu souverain de fait, l'exercice de cette souveraineté peut-il être appelé usurpation?.... Napoléon n'était donc pas usurpateur, puisqu'il tenait ses droits de souverain non-seulement du vœu, mais encore des suffrages de la Nation.

Jamais élection fut-elle plus légitime, plus populaire, plus incontestable, plus méritée? Il avait rendu d'immenses services au pays, il venait de placer la France à la tête de l'Europe, il portait pour sceptre une épée de vainqueur, il fesait son manteau impérial de la capote de Marengo, il était l'idole de la Patrie reconnaissante, il venait de fermer ses vastes plaies avec de la gloire, son diadème se cachait sous des lauriers, il apportait enfin en échange du trône sa renommée et son génie.

C'est par le sénatus-consulte du 28 floréal an XII que l'acte solennel de souveraineté nationale fut soumis à la sanction du peuple français. Cet acte était la destitution définitive donnée aux Bourbons par la Nation, véritable propriétaire et dispensatrice de la souveraineté.

Voici le résultat du dépouillement des votes qui consacrèrent la légitimité de la république impériale et les droits de Napoléon à l'Empire.

| | |
|---|---|
| Nombre des votans | 3,524,254 |
| Majorité absolue | 1,762,128 |
| Voix négatives | 2,579 |
| Voix affirmatives | 3,521,675 |

2

Ainsi il n'y eut que deux mille cinq cent soixante-dix-neuf opposans sur près de quatre millions de suffrages. Quel est le pouvoir en Europe, et dans aucune histoire même, qui se soit ainsi appuyé sur la presque unanimité des voix ? Est-il un chef de dynastie en faveur duquel la volonté d'un peuple se soit plus manifestement prononcée ?

Les 3,524,254 votes adoptèrent en même temps la proposition suivante, présentée à la sanction du peuple par le nouvel Empereur, qui, malgré l'entraînement de la patrie, malgré sa gloire à lui et ses grands services, crut cette sanction indispensable pour assurer son droit et l'hérédité dans sa famille.

« Le peuple français veut l'hérédité de la dignité
» impériale, dans la descendance directe, naturelle,
» légitime et adoptive de Napoléon Bonaparte, et dans
» la descendance directe, naturelle et légitime de Jo-
» seph Bonaparte et de Louis Bonaparte, ainsi qu'il
» est réglé par le sénatus-consulte du 28 floréal, an xii. »

Voilà donc le peuple français, qui, de sa volonté souveraine, constitue et consacre le principe de l'hérédité dans trois descendances de la famille impériale. L'invasion étrangère seule, et non le peuple lui-même, a suspendu et renversé l'effet de cet acte de souveraineté, en renversant le gouvernement impérial ; mais au peuple seul appartenait le droit de défaire ce qu'il avait fait ; lui seul était compétent pour substituer un autre pouvoir au pouvoir qu'il avait créé.

La restauration, malgré ses quinze années d'existence, étant l'œuvre de la violence et l'effet de l'invasion étrangère, ne fut réellement qu'une usurpation flagrante, non pas tant sur Napoléon, que sur le peuple qui l'avait élu pour chef. Le droit divin avec elle, succéda au droit national, la France redevint royaume patrimonial, monarchie forcée, la propriété d'une dynastie.

Mais le peuple, après quinze années de joug royal, fatigué d'être sujet de par la Sainte-Alliance, renversa à son tour la royauté de conquête, et rentra dans l'exercice de sa souveraineté, suspendu en 1815. Le retour à son règne impérial devait résulter de la victoire sur la monarchie du droit divin. Cette marche était naturelle et conséquente.

Il en a été autrement : des députés de la restauration, usurpant sur le peuple le pouvoir constituant, tout en invoquant le principe de la souveraineté nationale, transportèrent la royauté dans une branche de la dynastie déchue, et pressés par je ne sais quelle nécessité, sans consulter la nation, ni sans ratification populaire, appelèrent au trône un prince du sang qui se hâta d'accepter une si haute fortune.

Louis-Philippe fut nommé roi; le drapeau national remplaça le drapeau blanc, emblême du droit divin, et la souveraineté du peuple fut invoquée par les faiseurs de rois, comme principe du nouveau gouvernement. Je ne considère pas si ce principe a été ou non violé, j'admets la royauté du 7 août comme ayant satisfait aux conditions de toute puissance légitime.

Renfermé dans le fait de l'avènement du roi Louis-Philippe, puisqu'on propose une loi pour bannir la famille de Napoléon, je soumets ce dilemme aux partisans de cette loi en opposition formelle avec la nature du gouvernement actuel.

Où l'élection de Louis-Philippe est légitimement sanctionnée par le vœu de la nation, ou elle ne l'est pas.

Si l'élection de Louis-Philippe n'est pas légitime, elle est une usurpation, et alors la loi de proscription contre Napoléon est conséquente et rationnelle, puisque Napoléon est le représentant de la souveraineté populaire.

Si l'élection de Louis-Philippe est légitime, elle est censée reposer sur le principe de la souveraineté nationale, et alors la nation, en lui déléguant sa souveraineté et le droit, a par un tel acte annulé son plébiscite de l'an XII, en faveur de Napoléon et de sa famille; il s'ensuit que Napoléon et les siens rentrent dans la classe des simples citoyens, dans le droit commun. Pourquoi donc les proscrivez-vous, puisqu'ils n'ont plus aucun titre à la couronne de France? Cette proscription gratuite n'est à ce compte qu'un abus barbare et sans nécessité.

Pourquoi bannir de simples citoyens qui, à l'égal de tous les autres, ont droit à être protégés par la constitution, par les lois, par les représentants de la France, par la nation elle-même?

Pourquoi violer à leur égard cette Charte que le gouvernement invoque toujours à son bénéfice, et qui dit que tous les français sont égaux devant la loi commune? pourquoi sortir de la constitution par des lois exceptionnelles au détriment d'une famille inoffensive?

La proscrira-t-on cette famille, parce que l'élection de Louis-Philippe a évincé de leurs droits passés ceux de ses membres qui devaient hériter de Napoléon? Mais c'est alors une réaction des vainqueurs contre les vaincus. Or, est-ce vous qui avez détrôné Napoléon? Vous ne le frappez dans sa famille que parce que vous voulez frapper. Un tel acte de peur, contre un principe ennemi, se comprend dans la branche aînée des Bourbons : elle usait de son droit par la loi de 1816, elle proscrivait la souveraineté du peuple ; mais le gouvernement actuel qui se prétend revêtu de la même souveraineté, comment ose-t-il s'armer d'une hostilité de la restauration contre le principe de sa propre origine? existe-t-il deux souverainetés de peuple différentes, l'une partant du vœu de la nation, l'autre de sa volonté exprimée par des votes et qui s'excluent mutuellement? Est-ce mauvaise foi? est-ce inconséquence? Soyez donc au moins du parti de la logique, car la logique est la première raison d'état.

En proscrivant la famille de Napoléon, le gouvernement actuel semble se proscrire lui-même.

Autre observation qui me semble également importante.

L'acte de proscription a pour but, dit-on, d'affermir de plus en plus l'élection populaire de Louis-Philippe. Cette mesure ne pourrait produire son utilité que dans le cas où la régularité de l'intronisation du roi d'août serait douteuse . ceux donc qui prétendent que la royauté de Louis-Philippe n'a rien de douteux ne sont pas bien confians dans leur certitude, puisqu'ils ont recours à des lois d'exclusion pour la famille d'un autre élu de la nation. Et moi, je vais plus loin : l'élection de Louis-Philippe offrirait quelques irrégularités qu'il faudrait, par politique, prouver qu'on a pleinement foi dans son droit, en dédaignant toute mesure non rationnelle.

Mais puisque cette élection, selon les défenseurs de la monarchie nouvelle est au dessus de toute exception; puisque la nation, comme ils le disent, a choisi Louis-Philippe, par l'organe de ses mandataires, pour régner sur elle ; puisqu'elle a décerné l'hérédité de la couronne à la maison d'Orléans, d'après leurs assertions; puisque la royauté, soi-disant citoyenne, a pour elle l'assentiment national et la force publique, à quoi bon ces précautions inutiles et cette nouvelle persécution législative contre une famille qui n'a plus rien à prétendre désormais ? N'ayant plus de droits elle n'est plus dangereuse.

De deux choses l'une.

Ou il faut commencer par détromper la nation, en déclarant que Louis-Philippe ne règne pas d'après la volonté nationale, mais en vertu d'une légitimité mystérieuse dont les hommes du gouvernement ont seuls le secret et que la France doit subir sans connaissance de cause; et dans cette hypothèse, on peut associer à la même proscription Charles X et Napoléon, ainsi que leurs familles, mais toujours après avoir affranchi Louis-Philippe de la souveraineté populaire, mais après avoir déclaré qu'il règne indépendamment du vœu national. Alors la mesure législative en discussion ne jurera plus avec le principe; elle deviendra rationnelle.

Ou l'on ne peut pas hasarder une déclaration aussi absurde, aussi inconséquente; et partant de-là, si l'on veut que la nation persiste à croire quelle est gouvernée par l'élu du vœu populaire, avant de saper le principe originel de son élection, il est urgent d'y mettre bon ordre, et de bien comprendre qu'on va lui porter atteinte.

Si l'on adopte la proposition de l'honorable de Bricqueville, ou du moins l'esprit et le but de cette proposition contre la dynastie royale déchue, la Chambre ne se placera pas dans une position fausse et ne procédera pas en sens inverse du principe populaire qu'elle est appelée à soutenir. Les représentants de la nation sont forcés par la nature des choses de bannir les ennemis-nés de son émancipation.

Mais, en bannissant Charles X représentant à lui seul le droit divin, on doit réhabiliter Napoléon et sa famille représentant le droit national.

Deux principes antipodiques ne peuvent être réglés que par des lois diamétralement opposées ; la même proscription ne doit pas s'appliquer également à Charles X et à Napoléon, ces deux hommes-principes.

Si l'on veut proscrire Charles X et sa famille, il faut annuler les dispositions de la loi de 1816, et réhabiliter Napoléon et les siens.

Si l'on veut proscrire Napoléon et les siens, il faut rejeter, quant à Charles X, la loi qu'on propose, et déclarer aux vainqueurs de juillet, que la glorieuse révolution est criminelle et que le régime de la restauration continue. Alors la révolution de juillet est encore à faire.

Voilà l'alternative d'où l'on ne peut sortir sans faire douter ou de sa raison ou de sa bonne foi.

L'Europe qui a salué notre code comme le chef-d'œuvre de la législation humaine, qui place la France à la tête de la civilisation moderne ; l'Europe qui se souvient des merveilles du grand peuple, sous le grand capitaine ; l'Europe qui a reconnu Napoléon pendant

dix ans comme le chef légitime de la France puisque
la France se l'était donné elle-même par acclamation,
l'Europe nous retirerait son estime, nous appellerait
le peuple inconséquent par excellence, et pousserait
un cri général de réprobation, si les mandataires du
pays que Napoléon éleva si haut se rendaient coupables
envers lui de la plus déplorable ingratitude, et con-
fondaient dans une même exclusion deux noms éternellement inconciliables, Napoléon et Charles X.

Au nom de la Patrie, Députés de la France, ne faites
pas retomber sur elle cette nouvelle humiliation mille
fois plus honteuse que les outrages de 1815.

Je viens d'exposer ma pensée tout entière. J'ai
plaidé en faveur de la justice, de l'honneur français,
et du principe de la souveraineté du peuple. C'est à
vous, hommes de la révolution, de témoigner si j'ai
rempli les devoirs d'un bon français et si j'ai satisfait
aux conditions d'un vrai citoyen.

Si je n'étais pas écouté, le temps se chargera lui-
même, peut-être, de résoudre ce problême ainsi for-
mulé. est-il possible de gouverner un grand peuple,
sans se donner la peine d'être conséquent avec les
principes qui font la base du gouvernement?

Pensez-y, Députés.

# CHAPITRE II.

QUESTION CIVILE.

*Argument*. Si les raisons déduites au chapitre précédent n'ont aucune valeur aux yeux des Chambres, il faudra constater quels sont les membres de la famille Napoléon que la loi peut atteindre avec une apparence de rationalité, et ceux qu'elle doit respecter.

Sans renoncer à mon argumentation du chapitre précédent, mais dans le cas où l'on n'en tiendrait aucun compte, en dehors du principe de la souveraineté nationale qu'on léserait par un tel oubli de logique politique, en supposant qu'on ne reculerait pas devant un si inconcevable contre-sens, je suivrai la loi sur ce terrain nouveau, j'accepterai ma défaite comme résultat légitime, j'admettrai l'hypothèse du droit même rationnel, et, me renfermant dans cette concession de circonstance, j'attaquerai de nouveau le projet de loi comme sortant des limites de la raison et de la constitutionnalité, sous un autre aspect. Nous entrons dans une nouvelle discussion.

Il s'agit ici de droits éternellement sacrés de citoyens placés sous la protection commune de la constitution. Ces droits sont une propriété inviolable où les actes extrà-légaux doivent s'arrêter. J'espère que les représentans du pays, qui sont les défenseurs naturels de tous les intérêts sociaux, ne souffriront pas qu'on pénètre dans le sanctuaire du droit commun, pour le violer arbitrairement.

Je suppose qu'entre les deux souverainetés du droit divin et du droit national, l'on ait découvert le secret d'une souveraineté bicéphale, participant de l'une et de l'autre à la fois, sans appartenir réellement à aucune, une souveraineté insaisissable sur les confins des deux autres, passant tour-à-tour dans les deux camps ennemis sans s'y arrêter, empruntant çà et là quelques lambeaux disparates pour s'en couvrir dans l'occasion ; je suppose qu'une telle souveraineté, composée d'élémens opposés, soit réellement celle qui régit le grand peuple de France, j'étais loin de soupçonner une théorie de gouvernement si précieuse, lorsque je rédigeais le chapitre précédent. Je m'étais imaginé, ignorant que j'étais, que l'art de gouverner les hommes exige des principes bien déterminés, et ma faible raison de jeune homme n'allait pas à la hauteur d'une conception si rare.

Je savais cependant que des naturalistes parlant

d'êtres amphibies, les anatomistes d'hermaphrodites, les physiciens de polypes qui, plongés dans l'eau, n'ont plus de couleur définie; je ne m'attendais pas qu'en politique il existât de semblables phénomènes, et que, dans l'ordre moral comme dans l'ordre physique, il se rencontrât des réalités de deux espèces, de deux natures différentes; en un mot, un gouvernement de deux sexes, une royauté mitoyenne, une souveraineté polype.

Cette royauté, qui n'est fondée ni sur le droit divin, ni, selon moi, sur la volonté matérielle du peuple, en dehors de toutes les familles du règne politique, devait, par cela même, se mettre en état de répulsion et de défense contre la famille des Bourbons qui invoquent le droit monarchique, et contre la famille des Bonapartes qui invoquent le droit populaire. C'est en ce sens seulement que j'accepte l'à-propos du bannissement pour les parens de Napoléon, puisqu'ils ont pour eux un plébiscite de quatre millions de votes.

Telle a été sans doute la pensée des législateurs des deux Chambres, qui, au nom du gouvernement établi, ont apporté leurs grandes lumières à la rédaction du projet de loi qui vous est soumis, en faveur de la royauté mitoyenne contre la royauté patrimoniale personnifiée dans Charles X, et contre la souveraineté nationale individualisée dans Napoléon. Si tel est le secret de leur pensée, j'admets ainsi la position de la question, et je discute dans ce sens.

Voyons donc maintenant quels sont les Bourbons d'un côté, et de l'autre les Bonapartes en état d'inspirer des craintes, et qui peuvent, d'après cette position donnée, par des motifs plus ou moins bons, par des prétextes plus ou moins absurdes, prétendre à la couronne dont la loi présentée tend à les éloigner. Car, pour solliciter du Parlement national un bill de proscription, il doit exister des raisons positives, majeures et déterminantes. Il ne suffit pas de dire du haut d'une tribune : « Législateurs d'une grande nation, nous vous supplions d'exercer vos rigueurs contre une famille dont les souvenirs glorieux nous importunent; condamnez-la à un exil éternel; ayez la bonté d'être inexorables pour nous obliger, car nous avons peur de sa popularité ». Il faut de plus solides argumens pour obtenir une condamnation éternelle; il faut qu'il y ait des droits à craindre pour les repousser.

Nous allons parcourir l'échelle des prétendans à la couronne, pour bien constater quels sont ceux que la loi d'exclusion doit frapper le moins irrationnellement.

# Famille des Bourbons.

Selon les statuts de l'antique monarchie de France, tout membre de cette famille royale , issu de mariage légitime, avait droit éventuellement à la succession au trône, de mâle en mâle, par ordre de primogéniture, jusqu'à perpétuité, à l'exclusion toujours des femmes.

Après la mort de Louis XIII, la famille royale se divisa en trois branches.

La première eut pour chef Louis-le-Grand. C'est de lui qu'est issue la ligne connue sous le nom de *Bourbons de France.*

La seconde eut pour chef Philippe V, d'où est sortie la ligne connue sous le nom de *Bourbons d'Espagne ,* d'où sont sortis les *Bourbons de Naples et de Lucques.*

La troisième eut pour chef le duc d'Orléans, Philippe, frère de Louis XIV , d'où est issue la ligne des *Bourbons* de la branche cadette.

La branche d'Orléans, en acceptant la royauté du 7 août 1830, par une révolution populaire, s'est mise, par cela même, en dehors de l'ordre de la succession défini par les statuts de l'ancienne monarchie. Elle règne, non pas en vertu de sa qualité de branche royale, elle a mis elle-même cette qualité au néant, mais par le fait du renversement violent de la royauté de sa famille. Le duc d'Orléans est et sera toujours roi révolutionnaire.

Les autres Bourbons des branches de France, d'Espagne et de Naples, sont ou peuvent devenir des prétendans à la couronne. Ferdinand d'Espagne vient même de prouver qu'il tient à la prétendance, en proscrivant de ses états le portrait de Louis-Philippe comme roi des Français. C'est donc comme prétendant qu'il est rationnel de demander la proscription des individus de sexe masculin appartenant à ces trois branches, puisque c'est contre les prétendans qu'on veut s'armer d'une loi à deux tranchans.

Les membres de ces trois branches de Bourbons forment à eux seuls treize lignes de descendance.

Bourbons de France. Charles X. . . . . . .   1

Bourbons d'Espagne. Ferdinand,
     Don Carlos,
     Don Francisco de Paolo,
     Don Sébastien. . .   4

Bourbons de Naples.   Ferdinand II,

                    Prince de Capoue,

                    Comte de Syracuse,

                    Comte de Lecce,

                    Comte d'Aquila,

                    Comte de Trapani,

                    Prince de Salerne. .   7

Bourbons de Lucques. Charles-Louis. . . . .   1

                           13 lignes.

Ainsi voilà treize bonnes prétendances que la loi, si elle est logique, doit atteindre en toute conscience. Que, si l'on m'oppose l'acte de renonciation à tout droit au trône de France fait par le chef de leur dynastie, Philippe V, j'y répondrai plus tard, quand j'aurai parcouru la ligne des prétendances de la famille Bonaparte, l'objection, tout en disparaissant devant les faits, me servira d'argument, même en faveur de ma discussion.

# Famille Bonaparte.

Les droits que la dynastie impériale pourrait invoquer en justification de ses prétendances bien ou mal fondées, sont renfermés dans le sénatus-consulte du 28 floréal an XII; il ne faut point oublier que ce sénatus-consulte fut ratifié par les votes du peuple français, et que c'est pour cela que je lui ai donné le nom de plébiscite.

Voici les articles où ces droits sont consignés :

« Art. 3. La dignité impériale est héréditaire dans
» la descendance directe, naturelle et légitime de
» Napoléon Bonaparte, de mâle en mâle, par ordre
» de primogéniture, et à l'exclusion perpétuelle des
» femmes et de leur descendance.

» Art. 4. Napoléon Bonaparte peut adopter les en-
» fans ou petits enfans de ses frères, pourvu qu'ils
» aient atteint l'âge de 18 ans accomplis.

» Art. 5. A défaut d'héritier naturel et légitime ou
» d'héritier adoptif de Napoléon Bonaparte, la dignité
» impériale est dévolue et déférée à Joseph Bonaparte
» et à ses descendans naturels et légitimes, par ordre
» de primogéniture, et de mâle en mâle, à l'exclusion
» perpétuelle des femmes et de leur descendance.

» Art. 6  A défaut de Joseph Bonaparte et de ses
» descendans mâles, la dignité impériale est dévolue et
» déférée à Louis Bonaparte et à ses descendans natu-
» rels et légitimes, par ordre de primogéniture, et de
» mâle en mâle, à l'exclusion perpétuelle des femmes.

» Art. 7  A défaut d'héritier naturel et légitime ou
» d'héritier adoptif de Napoléon Bonaparte;

» A défaut d'héritiers naturels et légitimes de Joseph
» Bonaparte et de ses descendans mâles; de Louis Bo-
» naparte et de ses descendans mâles;  .

» Un sénatus-consulte organique, proposé au Sénat
» par les titulaires des grandes dignités de l'Empire, et
» soumis à l'acceptation du peuple, nomme l'Empe-
» reur, et règle dans sa famille l'ordre de l'hérédité,
» de mâle en mâle, à l'exclusion perpétuelle des fem-
» et de leur descendance. »

D'après ces articles du sénatus-consulte, devenu plébiscite, il résulte qu'il n'y a que trois lignes de descendance que la loi d'exception doit frapper, en accor-
dant toutefois, par une concession de forme, qu'il

peut être rationnel de proscrire Napoléon et sa famille; ces trois lignes sont :

1° Les descendans mâles de Napoléon;

2° Joseph Bonaparte et ses descendans mâles;

3° Louis et ses descendans mâles.

Tous les autres membres de la famille n'ayant rien à démêler avec le trône de France, exclus, par conséquent, de la prétendance par le sénatus-consulte de l'an XII, ne doivent plus être considérés comme des compétiteurs dangereux. Ils sont d'autant plus exclus, que le sénatus-consulte s'est formellement expliqué, et qu'il en appelle à la souveraineté nationale pour *une nouvelle élection* en cas d'extinction mâle dans les trois lignes de descendance. Voici en quels termes :

« A défaut des trois descendances de Napoléon, de » Joseph et de Louis, la dignité impériale formera » l'objet d'une nouvelle élection. »

La souveraineté du peuple était ainsi toujours consacrée comme principe fondamental du gouvernement impérial; la sanction nationale constituait en dernier ressort.

# INÉGALITÉS DE LA LOI DE BANNISSEMENT

## A L'ÉGARD DES BOURBONS ET DES BONAPARTES

Examinons maintenant si les deux familles, Bourbonienne et Napoléonienne, qui inspirent d'égales craintes à la royauté d'août, sont également traitées dans le projet de proscription.

La prétendance des Bourbons, soutenue en sousmain par les sympathies des cabinets étrangers, fondée sur la doctrine de transmission inaliénable, perpétuelle, imprescriptible, sera éternelle. Tant qu'il restera des Bourbons, en dépit des révolutions, des destitutions par le peuple, des législations opposantes, en dépit des déchéances, des chutes, des anathêmes de la nation, à côté des évènemens destructeurs, leur croyance en leur droit royal, leur volonté d'en reprendre possession, leurs intrigues pour y parvenir, toutes leurs espérances, toute leur foi, resteront immuablement conspiratrices. Ils regarderont constamment comme une usurpation de leur bien légitime et permanent toute puissance qui aura pris la place de la leur.

Cette inébranlable revendication de leur propriété, dont chaque membre de cette famille ne se départira jamais, prend sa source dans la conviction que, descendant d'un oint du Seigneur, ils sont les représentans du pouvoir divin, et que leur héritage, d'origine céleste, est inattaquable par la puissance humaine ; car, tant que Dieu sans doute n'aura point déclaré par un acte tombé du ciel que le jour de leur déchéance est venu, il est inutile d'attendre qu'un Bourbon se désiste de ses prétentions royales. Il y a long-temps que les membres de cette antique dynastie sont convaincus d'immuabilité.

Les Bourbons, qui ne se sont pas mis au-dessus des préjugés de famille comme le duc d'Orléans, n'abdiqueront jamais leur prétendance inaltérable. Ainsi donc, lorsqu'il s'agit de mettre obstacle à leurs projets de restauration, toute mesure législative a sa justification.

Mais cette mesure n'a point de cause réelle lorsqu'elle s'applique à la famille des Bonaparte qui n'ont point de titres à invoquer indépendans de la puissance humaine, ou qui les font remonter au plébiscite de l'an XII.

Or, dès que ce plébiscite a été révoqué, annulé par la déclaration du 7 août 1830, en raisonnant toujours dans le sens actuel de l'ordre établi, il me semble que le projet de loi, à l'égard des Bonaparte, ne s'en prend qu'à des droits évanouis, à une puissance morte, à des citoyens en dehors des prétendances hostiles.

D'ailleurs il n'y a que trois descendances mâles dans la famille de Napoléon qui aient eu droit à la succession de l'Empire. Il ne suffit donc pas d'être né dans son sein et de dire : Je suis un Bonaparte pour prétendre au trône; mais : Je suis nommé par le sénatus-consulte.

Pour les Bourbons, au contraire, par cela seul qu'ils sont Bourbons, ils regardent le trône comme leur propriété émanée de Dieu.

Ainsi donc, tandis qu'il n'existe que trois lignes Napoléoniennes, d'après le plébiscite, qui pourraient se mettre sur les rangs de la prétendance, les lignes Bourboniennes, dans le même cas, sont au nombre de treize.

Il ne reste plus qu'à examiner si le projet de loi, en comptant bien les lignes qui sont à proscrire, a gardé la proportion d'*un à treize*.

Pour les Bourbons le projet dit .

« Le territoire de la France et de ses colonies est in-
» terdit à perpétuité à Charles X, déchu de la royauté
» par la déclaration du 7 août 1830, à ses descendans,
» aux époux et épouses de ses descendans. »

Pour les Bonaparte :

« Les dispositions ci-dessus sont applicables aux
» *ascendans* et descendans de Napoléon, à sés oncles et
» *tantes*, à ses neveux et nièces, à ses frères, leurs
» femmes et leurs descendans, à ses sœurs et à leurs
» maris. »

Ainsi, d'un côté on atteint seulement la ligne descendante directe, et de l'autre la ligne directe *ascendante* et descendante, et, par extension gratuite, *toutes les lignes collatérales*. Est-ce là de la justice distributive?

Étrange équité !.. Pour les Bourbons la naissance est tout, et la loi ne s'attaque qu'à la ligne descendante de Charles X. — Pour les Bonaparte, la naissance n'est rien ; tout, pour eux est dans le sénatus-consulte, et la loi s'attaque non-seulement à ceux qui sont nés Bonaparte, mais encore à toutes les alliances de cette famille. Quelle inconcevable partialité !.... On oublie les collatéraux de Charles X, et la proscription pénètre au-delà des collatéraux de Napoléon. Il est impossible que tout esprit droit, équitable, de bon sens, ne soit pas scandalisé de l'odieuse inconséquence dont la loi actuelle s'est flétrie elle-même.

Mais, dira-t-on, les Bourbons d'Espagne, de Naples, de Lucques, collatéraux de Charles X, ne doivent point être proscrits, puisque le chef de leur dynastie, Philippe V, a renoncé à tout droit sur la France.

En conscience, que valent ces renonciations ?. Prenons un exemple de nos temps. Don Pedro n'a-t-il pas renoncé à la couronne du Portugal?.... Et cependant il soutient à main armée les droits de sa fille, et les gouvernemens de France et d'Angleterre prêtent secours à sa restauration, et don Miguel n'est pas reconnu de l'Europe !... Que répond-on ? Que don Pedro a renoncé, pour son compte seulement, mais que cette renonciation n'atteint point ses descendants. Don Pedro lui-même, dans son manifeste d'invasion, a soutenu cette thèse; à plus forte raison donc toutes les branches des Bourbons qui descendent de Philippe V, seront en droit de la soutenir, puisque Louis-Philippe a prêté la main aux prétendances de la fille de don Pedro.

Partant de là, je pose ainsi la question Si la renonciation de Philippe V peut exempter les Bourbons collatéraux de la proscription, une égale renonciation faite par un Bonaparte-collatéral de Napoléon n'aura-t-elle pas le même privilége? Or, en 1811, du temps de la pleine puissance de Napoléon, Louis son frère a renoncé formellement à tous les droits qu'il tenait du sénatus-consulte de l'an XII. La renonciation d'un Bourbon est-elle un préservatif de bannissement pour les membres de sa descendance? Pourquoi celle d'un Bonaparte ne préserverait-elle pas aussi? Même fait, même droit, et partant mêmes conséquences.

Il faut donc conclure, en disant.

1o Que les Bourbons de France, d'Espagne, de Naples et de Lucques, d'après les anciens statuts de la monarchie, et par droit de naissance, auraient tous des prétentions légitimes à la couronne de France :

2o Que la loi de proscription a pour but d'atteindre tous ceux qui peuvent aspirer à la prétendance;

3o Que par conséquent tous les Bourbons ci-dessus désignés doivent être atteints par la loi.

4o Que, cependant, attendu que Philippe V a renoncé à tous droits sur la France, et qu'ainsi les descendants d'Espagne, de Naples et de Lucques ne peuvent plus être des prétendants, il s'en suit que la proscription prononcée contre eux serait purement gratuite et sans motif.

Je conclus à mon tour :

1° Que les descendans de Napoléon, de Joseph et de Louis, d'après le sénatus-consulte de l'an XII ratifié par le peuple, auraient droit à prétendre à la couronne de France ;

2° Que la loi de proscription ayant pour but d'éloigner tous les prétendans, il en résulte que les Bonaparte, non compris dans le sénatus-consulte, ne peuvent être proscrits, puisqu'ils n'ont aucune raison de prétendance ;

3° Que par conséquent les trois lignes seules de Napoléon, de Joseph et de Louis peuvent être proscrites, parce qu'elles seules peuvent avoir des droits de prétendance motivés par le sénatus-consulte ;

4° Que, cependant, vu que Louis a renoncé à tous ses droits, et que, par l'effet de cette renonciation, il ne peut plus exister de prétendance en lui, ni pour lui, ni pour les siens, il s'en suit que la proscription

prononcée contre lui, non moins que celle prononcée
contre les autres membres de sa famille non désignés
par le sénatus-consulte, serait purement gratuite, sans
motif légitime et sans excuse aux yeux de la justice et
de l'humanité.

D'après ce que je viens de dire, pour la conclusion
du second chapitre, la proscription des Bonaparte ne
paraît rationnelle que pour les deux lignes de Napoléon
et de Joseph. Mais il ne faut pas oublier que c'est une
concession que j'ai faite, d'admettre la légitimité de
la proscription à l'égard de l'élu du peuple français
par un autre élu. Les raisons que j'ai données dans le
premier chapitre et qui sont de la plus haute importance restent toujours les mêmes.

En dehors de ces raisons, la proscription a des bornes qu'il serait absurbe et barbare de dépasser. Si la
loi les franchissait, elle ne serait plus qu'un monu-
ment de passion brutale. L'Europe et la postérité flé-
triraient justement un tel abus de la force envers des
citoyens sans défense. Ce ne serait plus un acte législatif, ce serait un acte de tyrannie, une lâcheté oppres-
sive que l'avenir ne sanctionnerait pas. Ce n'est point
avec une légèreté semblable de violence qu'on doit
procéder à la législation du 19ᵐᵉ siècle. Les lois n'ont
rien à faire dans les actions de parti ; elles ne doivent
point être les exécutrices des hautes-œuvres de la peur.

# CHAPITRE III.

## QUESTION MORALE.

---

*Argument.* — Dans l'hypothèse que le nom seul de Napoléon autorise et justifie toute injustice contre les membres de sa famille, il est cependant des devoirs d'honneur national et de respect humain à satisfaire, pour que la loi en discussion ne porte point avec elle sa réprobation et son indignité.

Si j'avais à parler en faveur de quelques rayas proscrits, devant une assemblée de fanariotes, chargés de discuter le projet d'un firman destiné à être déposé aux pieds du Grand Seigneur, je me garderais bien d'invoquer aucun droit civil, en face de l'absolutisme oriental, je ferais sa large part à la toute-puissance du grand chef, et je n'invoquerais que les convenances morales qui doivent présider à toutes les œuvres des hommes.

Je suppose donc que j'aie à m'adresser aux représentans d'une puissance absolue , il n'existe pas, je pense , d'hypothèse plus contraire aux intérêts de la cause que je soutiens devant les Députés de la France. En plaçant le système de la défense sous le point de vue le plus défavorable , je n'ai pas à craindre que la force des argumens qui vont être développés soit altérée , atténuée et compromise par cette dernière concession.

Pour ne pas confondre deux objets bien distincts , les hommes et les choses , ce chapitre se divisera en deux fractions relatives , l'une comprenant les individus , l'autre les biens de ces individus.

### DES PERSONNES.

Dans l'état primitif de nature , toute question se réduit au droit du plus fort ; mais dans l'état de société, même dans la civilisation la moins parfaite , l'exercice du droit naturel de la force a ses limites sociales , abstraction faite de toute législation constitutionnelle. La morale , qui n'est que la loi des rapports individuels , a ses exigences de pudeur et de respect humain.

La vengeance sans doute , et la peur plus cruelle encore , sont des mouvemens naturels au cœur des hommes. Mais il est des devoirs de dignité qui appartiennent à toutes les associations civiles et qui ont toujours force de loi. La violence et les abus du pouvoir finissent toujours par se donner un relief de lâcheté politique que toute législation qui se respecte doit repousser. L'opinion est là qui juge en dernière analyse et qui se met éternellement du parti de l'opprimé.

L'exercice du droit naturel étant renfermé dans des bornes d'honneur, il est convenable, avant tout, d'établir qu'un projet de loi quelconque est indispensable et commandé par la nécessité de la défense légitime.

Députés de la France, prenons le texte du projet qui vous est soumis, ouvrons la discussion, et voyons si les dispositions qu'il contient ont pour base cette impérieuse nécessité. Si le résultat de l'examen est atfirmatif, le projet est digne de votre sanction ; s'il est négatif, votre propre dignité vous fait à son tour une nécessité, ou de la rejeter, ou de la corriger par de légitimes amendemens. Le projet est ainsi conçu :

« Le territoire de la France et de ses colonies est
» interdit aux *ascendans et descendans de Napoléon*,
» *à ses oncles, et ses tantes, à ses neveux et nièces, à*
» *ses frères, leurs femmes et descendans, à ses sœurs*
» *et à leurs maris.*

« Les personnes désignées ci-dessus ne pourront
» jouir en France d'aucun droit civil ; elles ne pour-
» ront posséder aucuns biens, meubles, immeubles ;
» elles ne pourront en acquérir à titre gratuit ou
» onéreux.

Ascendans de Napoléon. — Sous la dénomination

d'ascendans, de Napoléon, quels sont les membres de
sa famille que la loi ose vouloir atteindre?... Qui?
La mère du grand homme, dont par ironie sans
doute, on veut bien relever la statue populaire. Eh!
quoi! une simple femme, âgée de près d'un siècle,
infirme, presque mourante, renfermée dans son culte
pour la mémoire de son fils, environnée de l'estime et
des respects de l'Europe, isolée dans son veuvage maternel, qui l'eût cru? Ce sont ses nobles douleurs, sa
vénérable vieillesse qu'on veut troubler une seconde
fois, sous l'empire de ce même drapeau national que
son illustre fils planta sur les trônes de l'Europe!
C'est une mère inoffensive qu'on regarde comme matière à proscription, coupable d'avoir donné à la France
un grand homme de plus. Certes, si l'on demandait
aux législateurs de l'imperceptible république de Saint-
Marin la proscription d'une douairière séculaire, par
crainte d'un renversement par l'auguste proscrite,
il n'est pas douteux que les Solons de l'infiniment
petit État ne fussent irrités d'un tel outrage fait à la
dignité de la république, de lui supposer la peur
d'une femme chargée d'ans et de profondes tristesses.
Est-ce que le gouvernement du grand peuple de
France oserait craindre la mère de Napoléon?.... Je
n'insiste plus, j'aurais trop à dire, et je me respecte
aussi, moi!...

Lignes collatérales. — Pourquoi le projet de loi
s'adresse-t-il également sous le titre d'*oncles*, à un
autre vieillard respectable, prince de l'Église, qui

n'a d'autre lien avec la famille Bonaparte que celui d'être *frère utérin* de la mère de Napoléon? C'est un quasi-parent, un semi-oncle de l'Empereur, une quasi-fraternité avec sa mère dont on a fait l'heureuse-découverte, qu'on a fait entrer, comme une bonne for-une de plus, dans la communauté de la persécution.

On a sans doute proscrit le cardinal Fesch pour consoler les contribuables qui paient lez frais de voyage des cardinaux de Latil, de Forbin-Janson et du prince de Rohan.

On a vu naguère à la tribune des Députés un tout jeune ministre, dépositaire aujourd'hui des doctrines de l'Université et de l'Église de France, à propos de l'intervention autrichienne contre l'indépendance des Romagnols, prendre la défense des intérêts spirituels du pape, et déclarer à cette même tribune que le gouvernement de Louis-Philippe est trop sage pour toucher aux choses spirituelles du Saint-Père, afin de ne pas alarmer les consciences des catholiques de France.

Or, proscrire un cardinal, archevêque de la seconde ville du royaume, primat des Gaules, dont le caractère est indélébile, et qui ne peut être séparé de son diocèse que par décision du Concile ; le priver de ses droits civils, lorsque tous les prêtres de son diocèse n'exercent qu'en vertu de son ordination ; le dépouiller de son ministère spirituel ; changer, transformer à son égard une assemblée législative en Concile œcuménique ; ne sont-ce pas là des mesures plus spirituelles, plus propres à alarmer les consciences que les actes politiques qui regardent les Autrichiens et les Romagnols?.... Qu'en dit le docte et tout jeune ministre qui connaît si bien ces matières religieuses ? Poursuivons l'examen de la loi.

Les rédacteurs du projet étaient si pressés, si affamés de proscrire, qu'ils ont laissé tomber dans leur rédaction, sans s'en apercevoir, un degré de parenté qui n'existe pas pour Napoléon. Leurs âmes étaient en bonne disposition, ma foi! Où donc ces législateurs, en verve de frapper, ont-ils vu qu'il existât des *tantes* de Napoléon?.... Et le pluriel encore!..... Quelle fureur d'alonger la proscription!.... Ce serait ridicule si ce n'était révoltant.

Frères de Napoléon. — Deux personnalités sont à distinguer dans le grand homme : l'une comme empereur, l'autre comme citoyen.

Comme citoyen, Napoléon avait une mère, un fils, quatre frères, trois sœurs, qui composaient *sa famille civile et naturelle*.

Comme empereur, il n'avait qu'un fils et deux frères, qui seuls composaient *sa famille politique*.

Or, maintenant s'agit-il de Napoléon citoyen, ou de Napoléon empereur?

S'il s'agit de l'empereur, nous concevons, en considérant, par un anachronisme, sa famille politique comme existant encore, malgré sa dissolution par l'acte du 7 août 1830, nous concevons qu'on puisse demander la proscription de ses frères composant sa famille politique ; mais l'absurdité serait par trop grande de vouloir étendre cette mesure aux autres frères exclus de cette famille politique.

S'il s'agit au contraire de *Napoléon citoyen*, comment qualifier la proscription de ses frères exclus de sa famille politique, et par cela même placés au rang de simples citoyens !

Une fois ce principe odieux admis, qu'un gouvernement peut faire prononcer des lois exceptionnelles contre de simples citoyens, sans présence de délit ou de crime, il n'existerait plus de sûreté personnelle : la liberté individuelle ne serait qu'une détestable fiction ; et l'anarchie dans la morale et dans le droit civil deviendrait d'autant plus funeste, qu'elle s'organiserait sous l'hypocrisie de la légalité.

Concluons que la proscription contre les membres de la famille politique de Napoléon, quoique absurde et irrationnelle, pourrait être justifiée par l'apparence de raisons politiques : mais que, contre les membres exclus et par cela simples citoyens rentrés dans le droit commun, une telle mesure ne serait plus qu'un abus du pouvoir, qu'une violence de la force brutale.

Descendans des lignes collatérales. — Ces descendans nécessairement appartiennent aux deux sexes.

Les descendans mâles entrent dans les observations qui viennent d'être développées en faveur de leurs pères. Mais pour les femmes, il se présente une foule de réflexions de la plus haute gravité, qui appellent toute l'attention des législateurs. Les voici.

La fille 'd'un frère de Napoléon, exclu de la famille politique, est mariée à lord S......, appartenant à l'une des familles les plus distinguées de l'Angleterre. Lord S...... possède des biens en France : à sa mort, ses enfans viendront recueillir la succession paternelle. Mais si le projet de loi passe, tel qu'il est rédigé, qu'adviendra-t-il ? Un parent éloigné de lord S...... se présentera et dira à ses enfans : « Du côté maternel, vous » êtes descendans d'un frère de Napoléon : à ce titre, » vous êtes incapables d'acquérir en France des biens » à titre gratuit. La succession de votre père m'appar- » tient, à moi qui ne suis pas proscrit. » Les enfans de lord S...... repasseront la Manche et se présenteront au parlement britannique. Ils diront : « Les lois » françaises portent : Qu'une femme française qui » épousera un étranger suivra la condition de son mari (art. 19 du Code civil).

» Notre père, sur la foi de ces lois, a épousé une » femme française, nièce de l'Empereur Napoléon.

» Comme descendans de cette française, nous » sommes bannis de France, et incapables d'y re- » cueillir la succession paternelle.

» En qualité de citoyens de la Grande-Bretagne, » nous venons invoquer la protection de notre pays

» en faveur de nos droits, et nous supplions S. M.
» Britannique de demander satisfaction de l'affront fait
» au peuple anglais en notre personne, affront qui
» consiste en ce que la France a fait des lois d'excep-
» tion régulatrices de nos droits civils même avant
» notre naissance : nous demandons à être réhabilités
» de notre mort civile, et à recevoir indemnité pour
» la perte de la succession paternelle. »

On connaît l'esprit dominant du Parlement anglais
et de son gouvernement ; ils ne laisseront jamais attenter
aux droits d'un citoyen de la Grande-Bretagne.

Nous espérons que ces considérations frapperont la
sagesse de la Chambre. Je ne m'y arrêterai pas plus
long-temps : j'insiste seulement sur la nécessité d'une
mûre délibération avant de laisser échapper des lois
d'une telle portée.

Sœurs de Napoléon. — Proscrites, leurs maris le
sont également. Pourquoi eux aussi ?.. Pourquoi ?.. La
raison est évidente, c'est qu'ils sont les maris de leurs
femmes. Fort bien !... je comprends à merveille !... mais
alors il y a des errata à introduire dans notre code civil,
si le projet de la loi de proscription a le bonheur ou le
malheur d'être adopté.

Là où le Code dit, article 12 : *la femme suivra la
condition du mari.* Lisez : le mari suivra la condition
de la femme.

Là où le code dit, article 214. *La femme est obli-*

*gée d'habiter avec le mari, et de le suivre partout où il juge à propos de résider*; Lisez : le mari est obligé de suivre sa femme et de sortir de France toutes les fois que le gouvernement aura peur que ladite femme ne vienne disputer la couronne.

Quant aux sœurs de Napoléon, il me suffira de reproduire, et à plus forte raison, les argūmens développés dans le paragraphe relatif aux frères non compris dans la famille politique de Napoléon. Non-séulement les sœurs n'y étaient pas comprises, mais à chaque article du sénatus-consulte de l'an XII, il est dit : *à l'exclusion des femmes.*

Ou il faut exclure les femmes de la prétendance comme Napoléon l'a fait et par conséquent de la proscription, ou il faut en conclure qu'un gouvernement est bien mal assis, lorsqu'il est obligé de proscrire de simples femmes à cause de la peur.

Avant de clore la discussion, les enfans des sœurs de Napoléon doivent y avoir leur place.

Le projet de loi, en parlant des lignes sororiales, ne s'occupe que des sœurs et de leurs maris, et semble, par pudeur, garder le silence au sujet de leurs descendants, quoiqu'elle ait compris dans ses rigueurs les descendants des frères. On pourrait en déduire la conclusion que les enfans des sœurs ont été mis hors la persécution. Cette évidence paraît certaine; mais il faut s'en défier. Le projet de loi a été si précipitamment baclé, remanié, recousu de lambeaux disparates, qu'il ne serait pas étonnant qu'on y trouvàt quel que coin d'hostilité même pour ceux là.

Neveux et nièces de Napoléon. — Ils sont spécialement compris aussi dans la mesure d'exception législative. Il arrive de là que les enfans des sœurs ne sont pas proscrits comme *fils de leur mère*, et qu'ils restent dans l'intégrité de leurs droits ; mais que, comme *neveux de Napoléon*, ils n'échappent à aucune conséquence de la proscription. Que de contradictions ! Quel chaos !... D'un côté atteints, de l'autre pas !... Il nous semble cependant que l'harmonie des parties et du tout est aussi indispensable dans l'ordre moral que dans l'ordre physique.

Parmi les neveux de Napoléon, le fils de Louis, par exemple, jeune homme animé des plus purs sentimens, instruit à l'école du malheur, formé par d'excellentes études, dévoué à cette sainte cause des peuples pour laquelle son frère est mort à ses côtés, exclu de la prétendance par la renonciation de son père, qu'a-t-il donc fait pour que le gouvernement du drapeau tricolore le traite aussi durement, et plus cruellement peut-être, que la royauté du drapeau blanc ? A-t-on peur qu'il ne demande sa place de soldat dans nos dangers, quand le jour de défendre l'honneur français sera venu ? Craint-on qu'il ne vienne mourir comme son frère pour la cause de l'indépendance populaire, sous le drapeau de sa patrie ingrate ?

Ainsi tantôt la loi est inconséquente, tantôt cruelle, tantôt obscure, et toujours violatrice d'un droit.

Voici un nouveau cas propre à révéler combien il serait dangereux même de laisser à quelques dispositions du projet des germes contentieux pour l'avenir.

Une sœur de Napoléon, Élisa, s'est mariée à Félix Baciocchi, du département de la Corse, où sont les biens de sa famille. A sa mort, ses enfans réclameront sa succession ; mais, comme neveux de Napoléon, étant proscrits et incapables de succéder, ils seront sans doute évincés de leurs droits par quelque parent éloigné. De là, controverse et procès.

Félix Baciocchi, que la restauration du droit divin avait repoussé de la France, et dont la loi nouvelle sanctionne l'exil éternel, forcé de suivre la condition de son épouse, s'est depuis long-temps établi en Autriche, où il a fait l'acquisition d'un fief qui l'a fait entrer dans la noblesse autrichienne : comme membre de l'Empire, il jouit de toutes les prérogatives attachées à ce titre. Mais il existe un concordat entre la France et l'Autriche, par lequel les sujets de l'Empire succèdent en France selon les lois autrichiennes, et les Français succèdent en Autriche selon les lois françaises. Il est possible qu'il y ait un jour contestation pour la succession de Baciocchi réclamée par ses enfans, et sans doute le différent pourrait faire l'objet de justes réclamations entre les deux États.

Quoi qu'il en soit, au nombre des scandales dont nous avons donné de si tristes exemples depuis quinze ans à l'Europe, n'ajoutons pas le scandale plus humiliant encore de recevoir de l'Autriche des leçons de

justice et de respect envers les personnes et les propriétés.

Il serait trop long et par trop pénible pour un citoyen français d'énumérer toutes les inconvenances politiques et civiles dont le projet de loi est richement
entaché. Le tableau est assez chargé pour qu'il néces-
site des amendemens qui fassent un peu plus d'honneur à la législation française.

J'ai démontré que la mesure demandée est en opposition directe avec le principe de l'ordre de choses
actuel ;

Que cette mesure, fut-elle conséquente et rationnelle dans son abstraction, aurait le défaut capital de
frapper en aveugle, sans discernement du juste et de
l'injuste, soit ceux qui offrent une apparence de justification à l'acte proscripteur, soit ceux pour qui il
n'existe aucun prétexte spécieux ;

Qu'enfin, fussions-nous privés de toute institution,
de toute garantie, sous le régime du despotisme oriental, le respect humain et la pudeur publique font
un devoir incontestable de rejeter ou de corriger cette
loi barbare, sans justification réelle et sans nécessité.

Voilà pour ce qui regarde la personnalité. Je passe
aux questions des biens. Nous quittons l'oppression gratuite pour entrer dans le chapitre des spoliations envers
les opprimés.

## DES BIENS.

Il existe des lois générales, éternelles, inhérentes aux sociétés humaines, non promulguées, non inscrites dans les codes, mais cependant toujours suivies, toujours vénérées, toujours souveraines, que les tyrans seuls et les passions brutales de la force transgressent quelquefois, à la grande indignation des peuples. Ces lois, je leur donnerai le nom générique de *lois légitimes*.

Il en existe, au contraire, d'autres adoptées, sanctionnées, promulguées dans les formes les plus solennelles, qui ne peuvent obtenir d'exécution que par la souveraineté de la violence, et que l'honnête homme peut fouler aux pieds sans manquer à la vertu. Je les appellerai *lois légales*.

Les premières sont fondées sur l'honneur, sur les droits et les devoirs mutuels, et sur les perfections de l'âme.

Les secondes souvent sont fondées sur les passions méchantes, sur le mépris de la vertu et des droits, sur le triomphe du crime heureux.

Sous l'empire des lois légitimes, que la nature a gravées dans le cœur de l'homme, il peut survenir des collisions entre individus qui vident leur querelle sur le terrain de l'honneur. Pourvu que les règles du combat soient respectées, qu'importe que l'un des deux rivaux tombe sous le fer de l'autre, l'opinion publique n'atteint pas le vainqueur ; la légalité même sera dans l'impossibilité d'arriver jusqu'à lui, malgré ses sanctions écrites, parce qu'enfin la puissance humaine, constituée en société, est soumise elle-même à la puissance primitive des lois gravées dans le cœur des hommes, des volontés légitimes de la nature.

Mais s'il arrive que l'un des deux combattans viole les règles du combat singulier, si, sans attendre que son adversaire aît tiré l'épée, il le perce de part en part ; si, après sa chûte il s'empare de ses dépouilles, le vainqueur déloyal, quand même il serait couvert du bouclier de la légalité, n'en est pas moins atteint par l'animadversion générale, et toutes les lois écrites seraient impuissantes à décriminaliser son action. La réprobation publique le poursuivra jusque dans sa postérité.

Eh bien ! cette fiction hypothétique n'est que l'histoire figurée des violences et des spoliations dont les membres de la famille de Napoléon ont été et sont encore les victimes privilégiées.

Vaincu par les forces de tout un continent, livré par la trahison, déserté par ses créatures qu'il avait chargées d'honneurs et de biens, mais toujours plus grand à mesure qu'il croissait en malheurs, éternellement fidèle à ses affections pour la France, Napoléon, n'ayant plus pour lui que les chances terribles de la guerre civile, déposa son épée si féconde en victoires inattendues, et sans s'inquiéter des vengeances futures de ses ennemis, il s'immola, lui et les siens sur l'autel de la Patrie.

Le gouvernement qui lui succéda à l'aide de l'étranger, voyant le grand homme désarmé et trahi, acheta au secours de sa peur des bras d'assassins, qui cependant n'osèrent pas toucher à sa poitrine d'Empereur toute rayonnante de souvenirs sublimes. N'ayant pu le tuer par le meurtre, la restauration eut recours au glaive de la mort civile, et la spoliation en fut l'auxiliaire naturelle et indispensable. C'était à la fois vengeance et profit : on commença par le profit; la vengeance par la mort civile suivit la spoliation.

Le projet de loi qu'on vous soumet aujourd'hui, Députés de la France, est presque copié textuellement de la loi du 12 janvier 1816. Il tend à vous entraîner dans la co-participation de cet acte odieux de la royauté du droit divin; mais vous savez que la co-participation, selon nos lois écrites, n'est autre chose qu'une complicité. Représensants du drapeau tricolore, vous reculerez devant la responsabilité des actions d'autrui. Que peut-il y avoir de commun et de solidaire entre la restauration et la révolution de juillet?

Je vais exposer sincèrement les faits dont j'offre la preuve la plus complète. Je provoque même les champions de la loi dans cette lice nouvelle : qu'on nie, je répondrai, je réfuterai victorieusement : qu'on m'y force, et me dégageant de tous les égards que je veux bien conserver encore, je viendrai, pièces en main, armé de la vérité vengeresse, marquer plus d'un front coupable que je couvrirai de confusion.

Napoléon, après son abdication par amour pour la France, ne voulut rien emporter d'elle que ses regrets. Il lui fit l'abandon généreux de sa fortune privée; il ne garda que la gloire. Ses rentes sur l'État, ses actions de la Banque, diamans, mobilier, il laissa tout. Il ne lui restait plus comme à Bélisaire qu'à tendre son casque. Il eut été cependant honteux que le plus puissant monarque de l'Europe n'eût pas de quoi vivre dans son rocher de l'île d'Elbe. Les puissances alliées signèrent la convention ci-après, le 11 avril 1814. On verra bientôt comment cette convention fut respectée. Engagemens de rois, mensonges de circonstance : on ne devrait plus dire manque de foi, mais parole de prince.

« Il sera réservé dans les pays auxquels l'Empereur
» Napoléon renonce pour lui et sa famille, des domai-
» nes, ou donné des rentes sur le grand livre de France,
» produisant un revenu annuel, net, et déduction
» faite de toutes charges, de deux millions cinq cent
» mille francs. Ces domaines ou rentes appartiendront,
» en toute propriété, et pour en disposer comme bon
» leur semblera, aux princes et princesses de sa fa-
» mille, et seront répartis entre eux, etc., etc.

Le même traité porte, dans l'avant dernier article, ce qui suit.

« Les hautes pūissances alliées *garantissent l'exécu-*
» *tion* de tous les articles du présent traité. Elles s'en-
» gagent à obtenir qu'ils soient adoptés et garantis
» par la France. »

En effet, cette adoption et cette garantie ont été données le même jour dans les termes suivans :

« Les puissances alliées ayant conclu un traité avec
» S. M. l'Empereur Napoléon, et ce traité renfer-
» mant des dispositions à l'exécution desquelles le gou-
» vernement français *est dans le cas de prendre part;*
» et des explications réciproques ayant eu lieu sur ce
» point, le GOUVERNEMENT PROVISOIRE DE FRANCE, dans
» la vue de concourir efficacement à toutes les me-
» sures qui sont adoptées, se fait un devoir de décla-
» rer qu'il y adhère, autant que besoin est, et *garan-*
» *tit,* en tout ce qui concerne la France, l'exécution
» des stipulations confirmées dans ce traité, qui a été
» signé aujourd'hui, avec MM. les plénipotentiaires
» des hautes puissances alliées, et ceux de S. M. l'Em-
» pereur Napoléon. »

Quel français détestable et dans le fond et dans la forme! Ils étaient si pressés d'en finir avec le grand homme, qu'ils ne savaient même pas colorer leurs mensonges d'un style décent. Voici une fausseté royale de plus; cinquante jours plus tard, pour mieux feindre d'assurer ces engagemens pris par la France, on publia l'imposture suivante :

« DÉCLARATION AU NOM DE S. M. LOUIS XVIII.

« Le soussigné, ministre secrétaire d'état au dépar-
» tement des affaires étrangères, ayant rendu compte
» au roi de la demande que Leurs Excellences mes-
» sieurs les plénipotentiaires des cours alliées ont reçu
» de leurs souverains l'ordre de faire, relativement
» au traité du 11 avril, auquel le gouvernement pro-
» visoire a *accédé*, il a plu à sa majesté de l'autoriser,
» de déclarer en son nom, que les clauses du traité à
» la charge de la France seront FIDELEMENT EXÉCUTÉES.
» Il a, en conséquence, l'honnneur de le déclarer
» par la présente, à Leurs Excellences.

Paris, le 31 mai 1814.

Signé :   Le prince de BÉNÉVENT.

Les membres de la famille Bonaparte, sachant bien à quoi s'en tenir, et sur les conventions des alliés, et sur la promesse royale d'*exécution fidèle* faite par Louis XVIII, ne songeaient plus qu'à sauver du moins du grand naufrage de l'Empire la possession des biens qu'ils avaient acquis, conformément aux lois de la France, antérieurement au traité menteur du 11 avril. Ces acquisitions consistaient :

1° En différentes acquisitions de biens faites *argent*

*comptant,* dans les formes ordinaires qui sont en usage de particulier à particulier. 2° En biens-fonds situés à l'étranger, que Napoléon leur avait assignés en dotation, comme il avait doté également presque tous les maréchaux et autres notabilités de l'Empire, en vertu des lois seules qui autorisaient ces dotations.

Il faut bien remarquer que l'Empereur ne voulait pas et ne voulut jamais que les dotations de sa famille fussent à la charge de la France. Il était patriote avant tout. Les Bourbons n'ont pas eu ses scrupules, la nation l'a singulièrement appris à ses dépens.

Les titulaires de ces dotations étaient tenus, toujours pour favoriser les intérêts du pays, de vendre les biens qui les composaient afin d'en replacer le montant en France. C'était la volonté expresse de Napoléon. Les membres de sa famille avaient effectué ces ventes, et le produit en avait été converti en rentes sur l'Etat, en actions sur les canaux, et en d'autres biens.

Ils étaient donc possesseurs de biens situés à l'étranger et en France, biens acquis à titre onéreux, sous la protection des lois, et dans les formes voulues C'était donc uniquement à la conservation de ces propriétés inviolables qu'ils employaient tous leurs soins, car ils ajoutaient peu de foi aux mensonges du traité de Fontainebleau; ils connaissaient la conscience des rois.

Ces biens qui auraient dû être sacrés, que sont-ils devenus ? Nous allons l'apprendre. C'est ici qu'il faut faire bonne provision de force d'âme, car l'indignation aura fort à faire. Nous allons entrer dans une véritable forêt de Bondy politique.

Biens à l'étranger. — Le gouvernement français de la restauration, en hâte de se montrer reconnaissant envers les alliés, renonça, au profit des gouvernemens respectifs qui reprenaient les territoires où ces biens étaient situés, à tout droit des donataires. Mais comme la royauté des Bourbons voulait conserver encore quelques semblans de pudeur, elle eut recours aux perfidies d'un *traité secret*, conclu le 30 mai 1813, à la suite, et pour complément sans doute, de cet ignominieux traité de Paris si fatal à la France et surtout à son honneur.

TRAITÉ SECRET, ART. 5.

» La renonciation du gouvernement français conte-
» nue dans l'art. 18 (du traité ostensible ), s'étend
» nommément à toutes les réclamations qu'il pourrait
» former contre les puissances alliées, à titre de *dota-*
» *tions, de donations, de revenus de la Légion-d'hon-*
» *neur*, de sénatoreries, de pensions et autres charges
» de même nature. » Que de lâcheté !... même la Légion-d'Honneur !...

Les donataires, ne pouvant plus compter sur l'intervention du gouvernement français qui renonçait ainsi *à toutes réclamations pour donation*, dépouillés arbitrairement de leurs droits et de leurs titres , n'eurent plus aucun recours contre cette spoliation d'un article secret, et perdirent leurs dotations.

Biens en France. — Ces biens avaient été légitimement acquis par les membres de la famille Bonaparte, soit de leurs deniers privés , soit du produit des ventes des dotations situées à l'étranger. Ils étaient placés sous l'égide de la loi commune, comme toutes les propriétés des citoyens français , et cependant !.. les Bourbons n'y regardent pas de si près.

Le 18 décembre 1814, les ministres adressèrent au roi, et le roi adopta le rapport et la mesure suivans :

« Sire , les ministres de V. M. estiment qu'il est né-
» cessaire d'arrêter la disposition des meubles et im-
» meubles qui ont appartenu à la famille de Bona-
» parte, et de les conserver, par l'apposition d'un
» sequestre, jusqu'à ce que V. M. en ait autrement
» ordonné. Ils supplient le roi de les autoriser à cette
» mesure. «

*Signés* , DAMBRAY. — DE MONTESQUIOU. FERRAND. — LOUIS. — BUGNOT. SOULT. — BLANCAS D'AULPS. FRANÇOIS DE JAUCOURT.

*Approuvé.*

Signé , LOUIS.

Comment qualifier un tel acte! Quel scandale ! et la Charte disait : La confiscation est abolie ! car c'est ici une véritable confiscation déguisée sous le nom de sequestre. Les biens de la famille Bonaparte, non vendus jusqu'alors, leur furent entièrement ravis . extorqués, volés par le sequestre spoliateur. Et quels sont les ministres coupables qui ont couvert de leur signature l'infamie d'un tel acte? Presque tous des créatures de Napoléon, des gens qu'il avait accablés de ses faveurs. Un maréchal, un ancien directeur des biens d'une sœur de Napoléon! Ingratitude, que tu es cruelle !

Chose étrange pourtant ! Un hôtel situé dans la rue Saint-Honoré fut sauvé du pillage, parce que Wellington en poursuivait l'acquisition, pour y placer l'ambassade anglaise. Sa Grandeur eut plus de puissance que la loi du pays. Un général de la Sainte-Alliance aurait été sans doute scandalisé d'une semblable violation de la Charte constitutionnelle.

Un autre hôtel de la rue Saint-Dominique fut également soustrait à la confiscation, parce qu'un ambassadeur étranger voulait y établir son ambassade. On ne refusait rien aux alliés, pas même le respect des lois quand il le fallait. Le prix de l'hôtel fut fixé, Dieu sait comme, néanmoins il fut vendu, grâce aux instances de l'ambassadeur.

Tous les autres biens, impitoyablement enlevés à leurs propriétaires légitimes par le ministère de la maison du roi, par une audacieuse violation des lois civiles et humaines, furent employés dans leur produit à des récompenses anti-nationales.

Il ne restait plus d'insaisi, de non-volé, que des effets au porteur, émis par le trésor lui-même, et que les membres de la famille Napoléon avaient échangés contre du numéraire qui était dû pour arrérages et contre d'autres valeurs qu'ils avaient engagées pour le service de l'État, dans ces funestes circonstances, où tant de riches ingrats grossissaient leur avoir en vendant leur trahison. Les recherches de la haute police, pour retrouver et confisquer ces effets au porteur ayant été infructueuses, pour qu'il ne restât rien aux Napoléon, pour les forcer à retirer de la circulation ces effets déjà négociés, une ordonnance royale (acharnement inouï), contresignée par le baron Louis, l'ex-agent d'un Bonaparte, annula ces effets, unique et dernière ressource. C'était plus qu'une confiscation ; c'était une immorale banqueroute de par le roi, un odieux stellionat marqué du sceau royal !... Les annales de Tacite offrent-elles à la réprobation des siècles un mépris aussi criminel du droit et de la justice?... Le voilà, cet auguste auteur de Charte, dont on a tant vanté la sagesse !... C'était un roi de la Sainte-Alliance.

Ces spoliations scandaleuses attendaient la sanction de la *légalité*. La légalité n'est souvent qu'un couvre-crime. Ah! si la responsabilité ministérielle, cette imposture des gouvernemens représentatifs, n'eût pas été seulement inventée pour se jouer des nations, les ministres d'un roi vraiment constitutionnel se seraient-ils jamais rendus impunément complices des délits de la royauté?...

La restauration était avide avant tout : elle eût dévoré la France entière, si on l'eût laissé faire. La cour de l'émigration remontée sur le trône avait des services à reconnaître et ses gens à payer. Mais ses serviteurs privilégiés voulaient des faveurs non-révocables. Les biens des Bonaparte n'étaient que des biens confisqués, il fallait un acte législatif d'assurance pour la confiscation, il fallait tranquilliser et les dispensateurs de la curée monarchique et les convives de cette curée. La *légalité*, si élastique de sa nature, ne demanda pas mieux que de légitimer la spoliation.

La loi du 12 janvier 1816, loi de vengeance et de précaution, intervint, et les spoliateurs n'eurent plus à craindre les réclamations des spoliés. Tant que la restauration, autour du crime, régna sur la France, le crime fut assuré dans ses effets; mais à la chûte de la restauration, au retour de l'exécution des lois, la spoliation aurait dû être révoquée.

Ainsi les biens confisqués tombèrent en partage, les uns à la liste-civile, les autres à Monsieur, depuis Charles X, ou à ses enfans. Les actions des canaux furent assignées à d'autres membres de la famille royale, que je nommerai quand on le voudra. Les rentes sur l'état, par une ordonnance du 22 mai 1816, furent destinées au paiement des pensions accordées aux chouans et aux chevaliers du meurtre dans le midi. Les fonds destinés à acquitter les effets du trésor servirent au paiement des frais extraordinaires du voyage de Gand.

Amère dérision ! raillerie insultante et digne de la faction amie des étrangers ! Les biens de la famille nationale de Napoléon servant d'indemnité aux conspirations des déserteurs de Gand, et de récompense aux assassins de la patrie !... Et la France l'a souffert !.. Et quand le drapeau tricolore a reparu, elle le souffre encore !...

Il faut bien se garder de croire que la loi de proscription du 12 janvier 1816, en ce qui regarde les biens de la famille proscrite, soit une mesure de confiscation. Les Chambres l'adoptèrent bien dans un sens analogue, mais elles ne s'aperçurent pas que la loi qu'elles adoptaient d'entraînement, n'était réellement qu'un bill d'indemnité, que les ministres surprenaient pour mettre à couvert leur responsabilité de signataires des spoliations, en cas d'évènemens dans l'avenir de la politique. Cela est si vrai, que les ministres, quand il s'agit des réclamations adressées depuis quinze ans par les Bonaparte, ne leur opposent jamais, pas même aujourd'hui, la loi du 12 janvier 1816. En voici un exemple :

Un membre de la famille Napoléon possédait plusieurs rentes sur l'état, rentes qu'il avait acquises avec le prix de biens vendus à l'étranger. Ces rentes avaient été servies jusqu'au 22 septembre 1813, Depuis cette époque, les arrérages n'ont plus été payés, ni au propriétaire des rentes, ni à personne.

Le service des pensions accordées par Louis XVIII sur lesdites rentes ne fut mis en activité qu'à partir de la publication de la loi du 12 janvier 1816; restaient donc les arrérages échus depuis le 22 septembre 1813 jusqu'au 12 janvier 1816. Que sont-ils devenus? Quel budget en a tenu compte?

Dans l'état de choses , le propriétaire des rentes s'adressa au gouvernement, il dut lui dire : « J'ai ac-
» quis les rentes dont il s'agit *à titre onéreux* , car je
» les ai payées avec de l'argent *importé* de l'étranger.

» Mais supposez, c'est une concession que je fais ,
» que ces rentes m'ayent été accordées à titre gratuit;
» il sera toujours vrai, que j'ai droit aux arrérages
» échus jusqu'au 12 janvier 1816 et en voici la raison :

» La loi, qui porte la date de ce jour, dit que les
» membres de ma famille NE POURRONT POSSÉDER *en*
» *France aucun biens à eux accordés à titre gratuit ,*
» *et qu'ils seront tenus de vendre, dans les délais de*
» *six mois , les autres biens par eux possédés à titre*
» *onéreux.*

» En disant qu'ils NE POURRONT POSSEDER ( ce qui
» regarde l'avenir ), la loi a implicitement reconnu
» que , quant au passé ( c'est-à-dire antérieurement à
» sa date ), ils ont possédé légitimement.

» Je réclame donc les arrérages de mes rentes ,
» échus depuis le 22 septembre 1813 , jusqu'au 12
» janvier 1816. »

Que les ministres du gouvernement actuel qui ont connu la justice et la modération de ces réclamations répondent sur l'honneur, s'ils ont fait droit ou non à la demande légitime du spolié, eux qui ont pris à la tribune sous leur protection parlementaire les pensions des anciens conspirateurs contre la chose publique! Les membres de la famille de Napoléon valent bien pourtant les stipendiés de la guerre civile.

Mais les ministres garderont le silence, et ce silence explicatif démontrera clairement qu'ils ne considèrent pas les spoliations indiquées comme résultant des effets de la loi de 1816, mais bien en vertu d'actes, ordonnances ou décisions antérieurs à cette loi, car si la confiscation eût été l'effet de cette même loi, en vertu de l'art. 4, les ministres refuseraient-ils d'acquitter les arrérages échus jusqu'au 12 janvier 1816?

Or, l'abrogation simple de l'art. 4 de la loi du 12 janvier 1816, dans le nouveau projet, n'abroge pas les ordonnances ou actes qui consacrent la confiscation. On n'atteint pas le but qu'on s'était proposé. Il est de la justice de la Chambre d'y porter remède. C'est un acte de loyauté, une mesure de droit.

Les membres de la famille de Napoléon dépouillés par des décisions royales de 1814 et 1815 ne sont pas plus avancés aujourd'hui qu'à cette époque. Leurs réclamations, si justes, n'ont reçu aucune satisfaction même de la royauté citoyenne. La question est encore dans toute son intégrité.

Ne croyez pas, Députés de la France et du drapeau national, qu'en abrogeant l'art. 4 de la loi de 1816, vous placiez les membres de la famille de Napoléon dans la même position que les Bourbons déchus du trône. Erreur. La loi nouvelle n'est favorable qu'aux membres de la famille royale. Les art. 3, 4 et 5 n'établissent seulement que pour les Bourbons la faculté de vendre leurs biens acquis et possédés soit à titre gratuit, comme Chambord, soit à titre onéreux ; et même parmi les biens, il en existe qui proviennent de la spoliation faite aux Bonaparte. Par là, vous sanctionnez une odieuse confiscation.

Cette même faculté de vendre n'est pas accordée aux membres de la famille Napoléon. Voulez-vous maintenir les ordonnances spoliatrices de 1814 et de 1815 ?

Il reste donc prouvé que l'abrogation de l'art. 4 de la loi barbare du 12 janvier 1816 ne pourrait profiter aux Bonaparte pour la question des biens, en ce qu'elle était moins une loi de confiscation qu'un bill d'indemnité en faveur des ministres signataires de la spoliation.

Députés de la France, pesez mûrement ces raisons, et la main sur la conscience, prononcez.


## CONCLUSION.


Représentans du pays,

Si l'honneur de la France vous est cher, si vous ne voulez pas qu'il soit attenté au principe de la souveraineté nationale par une loi de contresens politique ;

si vous respectez les lois qui font une partie de notre gloire ; si enfin les considérations morales, dont le despotisme le plus absolu ne se départ pas lui-même, ont quelque poids auprès de vous et parlent à votre raison, vous n'adopterez le projet de loi qui vous est présenté, qu'après l'avoir corrigée de ses imperfections capitales, en la mettant en harmonie avec les principes qui nous régissent aujourd'hui , par des amendemens réparateurs.

Ces amendemens doivent être de trois espèces, d'après les argumens développés dans les trois chapitres de cette brochure.

Premier chapitre. — J'ai défendu l'intégrité des principes ; j'ai démontré que les membres de la famille de Napoléon ne peuvent pas et ne doivent pas être proscrits ; et qu'ils doivent être réhabilités dans le droit commun dont jouissen les autres citoyens. Après la réhabilitation , il faudrait ajouter , je pense, la déclaration suivante.

« Auxquelles fins, l'art. 4 de la loi du 12 jan-
» vier 1816, ainsi que toute ordonnance royale, dé-
» cisions ou autres actes de l'autorité gouvernementale,
» rendus dans le même sens, sont abrogés et seront
» considérés comme non avenus. »

Deuxième chapitre. — J'ai développé la distinction légale qui existe entre les parens de Napoléon composant sa famille politique et ceux qui en étaient exclus. J'ai démontré que, s'il pouvait exister des prétextes spécieux pour proscrire les premiers, il était incontestable que les derniers n'en présentaient aucun.

Ainsi, dans le cas où ma distinction serait partagée, il serait logique d'ajouter cet article :

« *Quant aux parens de Napoléon composant sa*
» *famille politique*, ils seront traités, en ce qui regarde
» les biens. de la même maniere que Charles X et sa
» famille, suivant les dispositions contenues en la pré-
» sente loi.

» Quant aux parens de Napoléon exclus de sa fa-
» mille politique, il faudra leur appliquer l'article de
» l'abrogation de la loi du 12 janvier 1816, etc. »

TROISIÈME CHAPITRE. — En supposant qu'il n'existe aucun droit à invoquer, j'ai démontré qu'il était dans la famille de Napoléon des individus dont la vieillesse et le sexe méritaient des égards, des femmes qui étant passées dans d'autres familles, ne pouvaient être proscrites sans qu'on violât les droits des nations et de l'humanité envers elles et leurs descendans.

Or, dans l'hypothèse qu'on ne tiendrait aucun compte des principes, qu'on n'accepterait aucune distinction voulue par les lois, mais que cependant, par respect humain, on reculerait devant l'adoption d'une mesure barbare autant qu'absurde, et qu'on voudrait bien consentir à la réhabilitation de femmes et d'enfans inoffensifs, il faudrait consacrer à leur égard les déclarations ci-dessus énoncées dans le résumé du chapitre deuxième.

Il ne me reste plus qu'un devoir à remplir, c'est de déchirer le voile dont se couvre la réaction contre-révolutionnaire. On n'a introduit le nom de Napoléon dans la loi de bannissement relative à Charles X que pour faire toujours le procès aux principes de notre révolution, et pour se ménager avenir en cas d'une troisième restauration royale. On n'a ôté sa pénalité à la loi primitive de 1816 en faveur de Napoléon, que pour qu'elle n'atteignît pas un jour le roi de la légitimité, si jamais la fantaisie prenait à la monarchie du droit divin de tenter une descente en France. C'est encore la restauration qui a mis le doigt dans la loi d'abord si logique de M. de Bricqueville. Il y a une arrière-pensée dans la nouvelle rédaction qu'il n'est pas difficile de deviner, dans ses craintes ou dans ses espérances.

L'accouplement du nom de l'Empereur populaire avec le nom du Roi mitrailleur est presque un avertissement pour les patriotes : cette réunion bizarre dit beaucoup. C'est à messieurs les Députés de le comprendre.

Du reste, si l'on veut établir une sorte d'égalité entre Napoléon et Charles X pour la pénalité, il faut, pour être rationnel, l'établir aussi pour les biens des deux familles. Pourquoi maintenir d'un côté d'odieuses spoliations, et de l'autre procurer des fonds hostiles à la royauté de la guerre civile ? On traite les Bourbons comme si on avait encore peur d'eux, et les Napoléons, comme si le peuple était encore vaincu.

Et cependant le gouvernement de Louis-Philippe ne se soutient et n'est réellement servi que par les anciennes créatures de l'Empereur ; la Chambre des Pairs jouit encore des dotations qu'elle doit à Napoléon ; presque toutes les hautes administrations civiles et militaires sont entre les mains des anciennes fidélités de l'Empire devenues de nouvelles fidélités. Partout, autour du trône de Louis-Philippe, dans sa cour, dans ses ambassades, en tête des armées, partout les notabilités du grand homme proscrit, partout des gens qu'il a fait sortir de la foule : et c'est lui que la loi de proscription veut atteindre même au-delà du tombeau!.....

Deputés de la France, honorez le noble caractère dont vous êtes revêtus, armez-le de sa force ; ne souffrez pas que la grande nation soit ingrate, c'est assez de l'ingratitude des hommes. Souvenez-vous que la postérité ne pardonne jamais l'oubli des bienfaits. Laissez aux créatures du roi qui fit tirer sur le peuple la responsabilité d'une nouvelle persécution envers une famille nationale qui n'a jamais conspiré contre la patrie. C'est une manière, du moins pour les partisans de Charles X, de lui témoigner leur reconnaissance. Mais vous, hommes du pays et non des cours, représentans de la royauté révolutionnaire, vous vous devez à vous-mêmes, vous devez au peuple français, à son honneur, à sa réputation de peuple indépendant et généreux de ne pas prêter la main aux vengeances de la restauration, de rapporter ses actes spoliateurs et de vous montrer conséquens avec le principe vainqueur de la révolution de juillet. L'Europe et l'avenir vous jugent. Députés de la France, les lois ne sont pas des passions.

www.ingramcontent.com/pod-product-compliance
Ingram Content Group UK Ltd.
Pitfield, Milton Keynes, MK11 3LW, UK
UKHW022337070726
13614UKWH00003B/1079